Johann Strauss

Opus 314

An der schönen blauen Donau

Walzer

Text von F. v. Gernerth

Für gemischten Chor

Bearbeitung von F. Th. Cursch-Bühren

Chorstimmen mit
unterlegtem Klavierauszug

Chorstimmen auch einzeln erhältlich

Musikverlag Cranz · Mainz

Z 48457-10

An der schönen blauen Donau

WALZER

Text von Franz von Gernerth

Johann Strauss, Op. 314
Bearbeitung für gemischten Chor von
F. Th. Cursch-Bühren

© 1950 Musikverlag Cranz, Mainz · Printed in Germany

Schwarzwald her eilst du hin zum Meer, spen-dest Se - gen al-ler we - gen, ost-wärts
Bur-gen sehn nie-der von den Höhn, grü-ssen ger - ne dich von fer - ne, und der

geht dein Lauf, nimmst viel Brü_der auf: Bild der Ei - nig_keit für al - le Zeit! Al.te Tanz.Die
Ber _ ge Kranz, hell vom Mor-gen-glanz, spie-gelt sich in dei-ner Wel _ len

Bild der
spie _ gelt

2.

Ni _ xen auf dem Grund, die ge - ben's flü - sternd kund, was
schon in al _ ter Zeit ward dir manch Lied ge-weiht, und

Die Ni _ xen auf dem Grund, die ge - ben's flü-sternd kund, was
D'rum schon in al _ ter Zeit ward dir manch Lied ge-weiht, und

Al _ les du er_schaut, seit_dem ü _ ber dir der Him _ mel blaut. D'rum Sang.
mit dem hell _ sten Klang preist immer auf's Neu' dich un _ ser

Al _ les du er_schaut, er_schaut,
mit dem hell _ sten, hell_sten Klang

Halt'

an _____ dei_ne Flu_then bei Wien, es liebt dich ja__ so sehr, du

fin _ _ dest, wo_hin du magst ziehn, ein zwei_tes Wien nicht mehr._____ Hier

quillt aus vol_ler Brust ____ der Zau_ber heit'_rer Lust ____ und

Hier quillt aus vol_ler Brust der Zau_ber heit'_rer Lust und

treu_er deut_scher Sinn ____ streut aus sei_ne Saat von hier weit_hin.

treu_er deut_scher Sinn streut aus, streut

3. Du kennst wohl gut dei-nen Bru-der den Rhein, an sei-nen U-fern wächst herr-li-cher Wein,
neid' ihm nicht je-ne himm-li-sche Gab'; bei dir auch strömt rei-cher Se-gen her-ab,

dort auch steht bei Tag und bei Nacht die fe-ste, treu-e Wacht. Doch land!
und es schützt die tap-fe-re Hand auch un-ser Hei-math.

1. *2.*

Drum lasst uns ei-nig sein, froh auch in trü-ber Zeit,
Drum lasst uns ei-nig sein, schliesst, Brü-der, fest den Rheih'n, froh auch in trü-ber Zeit, Muth, wenn Ge-fahr uns dräut,

Hei-math am Do-nau-strand, dir sei für al-le Zeit Gut und Blut ge-weiht! weiht!
Hei-math am Do-nau-strand, bist uns're Her-zen Band,

1. *2.*

4.

Solo *p dol.*
Das Schiff _ lein fährt _ auf den Wel _ len so sacht,
still ist die Nacht, _ die Lie _ be nur wacht; der Schif _ fer flü _ stert der Lieb _ sten in's
Ohr, dass längst schon sein Herz sie er _ kor. _ O Him _ mel, sei gnä _ dig dem
lie _ ben _ den Paar, schütz' vor Ge _ fahr es im _ mer _ dar! Nun fah _ ren da _

Lebhaft
hin sie in se_li_ger Ruh; Schifflein fahr' im_mer_nur zu! Jun_ges
Blut, fri_scher Muth, o wie glück_lich macht, dem ver_eint ihr lacht! Lieb' und
Lust schwellt die Brust, hat das Gröss_te in der Welt voll_bracht. Junges bracht.
1. 2.
tr
f
p
5.

ISBN-13: 978-3-9202-0126-9

Distributed By

HAL LEONARD

49002190 9 783920 201269

DISTRIBUTED IN NORTH AND SOUTH AMERICA
EXCLUSIVELY BY

HAL LEONARD
C O R P O R A T I O N
49002190 8 84088 10744 4